dick bruna

grand-père et grand-mère pompon

CASTELMORE

Grand-père et grand-mère

adoraient leur petite Miffy.

Elle allait souvent les voir,

ils aimaient sa compagnie.

Grand-père était très doué

pour sculpter des objets en bois.

Au milieu de son atelier,

avec ses outils, il était le roi.

Un jour, grand-père dit: – Miffy,

regarde ce que j'ai fabriqué!

– Une trottinette en bois, merci!

Où as-tu trouvé cette idée?

J'en voulais une, justement,

Tu es trop fort, tu l'as deviné.

Peinte en rouge, évidemment,

c'est ma couleur préférée.

Miffy roula dans le jardin,

roula sans s'arrêter,

car pour un petit lapin

quoi de mieux pour s'amuser?

Puis Miffy s'arrêta,

et posa son jouet par terre.

– J'ai besoin d'une pause, moi!

Et si j'allais voir grand-mère?

Grand-mère était concentrée,

Une pelote à son côté.

Tic, tic! Ses aiguilles s'agitaient.

Miffy apprenait à tricoter.

Que tricota Miffy en premier?

Un joli châle rouge, tout doux,

que sa grand-mère adorée

porterait autour de son cou.

Grand-mère le trouva très beau.

Elle dit: – C'est fantastique,

tu as bien travaillé, bravo!

Et cette couleur est magnifique.

Puis ce fut l'heure du goûter,

grand-père les rejoignit.

Il y avait des biscuits et du thé,

Miffy mangea trois cookies!

– Au revoir, grand-mère,

je dois rentrer maintenant.

Au revoir, grand-père,

je roulerai prudemment!

Grand-mère et grand-père Pompon

sortirent et lui dirent gentiment:

– Tu es un petit lapin très mignon.

Embrasse bien fort tes parents!

Titre original : opa en oma pluis
Texte original Dick Bruna © copyright Mercis Publishing bv, 1988
Édition publiée en France en 2016 par Bragelonne/Castelmore
60-62, rue d'Hauteville – 75010 PARIS
Publication sous licence Mercis Publishing bv, Amsterdam
Traduction © Bragelonne 2016
Loi n° 49-956 du 16 juillet 1949 sur les publications destinées à la jeunesse
Dépôt légal : mars 2016
ISBN : 978-2-36231-168-0
Imprimé et relié par SDP Sachsendruck GmbH, Allemagne
Tous droits réservés, y compris la reproduction de tout ou partie du contenu
sous quelque forme que ce soit
www.castelmore.fr

FSC
www.fsc.org

MIX
From responsible
sources
FSC® C021195